わたしたちの手話

新しい手話
NEW SIGNS 2022/23

【QRコードについて】

●本書に掲載している手話単語の日本語見出し語の右横にあるQRコードをスマートフォン・タブレット等のQRコードリーダーで読み取っていただくと手話単語を動画でご覧になれます。

●動画は、社会福祉法人全国手話研修センター手話言語研究所が制作し、同研究所ウェブサイト「新しい手話の動画サイト」に掲載されています。　https://www.newsigns.jp/

 # 記号説明

 横または縦の動きの
方向

 前後の動きの方向

 繰り返す動き

 ① ② 動きの順序

 波うたせる動き

　本書の手話表現のイラストは右利きの方が表しやすい形で作成してあります。左利きの方は左右逆に表していただいてかまいません。
なお、本文中の＜＞の記号は「日本語の名前」すなわち手話単語の日本語のラベルまたは指文字を表しています。

目　次

【「新しい手話」の種類について】

◆創作手話
　既存の手話単語を二つ以上組み合わせる、二つ以上の手話単語を一つの表現に合成する、手話単語の一部を変更して作る、まったく新しく作る、の四つの方法で作られた手話を「創作手話」と呼びます。

◆保存手話
　手話単語があるのに、その概念に対応する適切な日本語の単語が見当たらない場合に、対応する日本語の単語を確定した手話を「保存手話」と呼びます。

 # はじめに

『わたしたちの手話　新しい手話 2022/2023』をここにお届けします

　2020 年初頭から世界中で猛威を振るっている新型コロナウイルス感染症は、私たちの生活を大きく変えました。

　当初、経験したことのない世界的な新型ウィルスの蔓延に、私たちも戸惑い多くの課題に直面し、昨年は『わたしたちの手話　新しい手話』シリーズの発行を延期しました。しかしながら、このパンデミック下での生活ももう 3 年になります。この間に、嵐が過ぎゆくのを大人しく待つのではなく、全日本ろうあ連盟と加盟団体が一体になり中央省庁及び地方行政へ要望し行政の記者会見に手話通訳が立ち、きこえない我々の存在を多くの人が知るようになりました。それは、透明マスクの開発や電話リレーサービスの法制化、遠隔手話通訳サービスの拡大、無料の自動音声認識による字幕付与ソフトやアプリの機能改善等へ少なからず影響を与えたと自負しています。

　2022 年の 2 月には、ロシアがウクライナへ侵攻しました。多くの犠牲者を今なお生み続け、停滞している世界経済や物流に更に大きな打撃を与えています。社会が混乱すると、いの一番に社会的弱者や少数派にしわ寄せがいきます。そのなかでも、きこえない我々ろう者には必要な情報が入らず、生き残るための支援も後回しにされ、命を危険にさらすことが多々あるのが現状です。手話言語は私たちの「命」だということは、どの時代、どの国においても変わることはありません。

　2022 年の 5 月、私たちの悲願である「障害者アクセシビリティ・コミュニケーション施策推進法」が成立しました。その附帯決議には手話言語法の立法を含め、手話言語に関する施策の一層の充実について検討を進めることが盛り込まれています。この法律を活かし、情報へのアクセスがいつでも保障され、どんな障がいがあっても社会の中で誰一人取り残されることのない社会を実現できるよう、これからも邁進していきます。

　本書は、社会福祉法人全国手話研修センター手話言語研究所「標準手話確定普及研究部」が厚生労働省より委託を受け、必要な単語の研究・調査を重ね新しい手話単語を提案した中から、社会生活の場面で多く使われる単語を抜粋し掲載しています。

　本書が、ろう者ときこえる人が円滑なコミュニケーションをとれる共生社会実現の一助となれば幸いです。皆さまの積極的なご活用をお願い申し上げます。

一般財団法人全日本ろうあ連盟
理事長　石野　富志三郎

第 1 章

医療・福祉

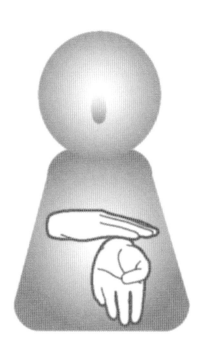

WHO（世界保健機関）A
（ダブリュエイチオー（せかいほけんきかん））

❶ アルファベット「W」の左手人差指に右手2指の人差指の先をつけて「WH」の字形を作り

❷ 残した左手の横で、右手アルファベット「O」を示す

世界保健機関（World Health Organization）の頭文字をとった単語です。世界保健機関は、1948年4月7日に「全ての人々が可能な最高の健康水準に到達すること」を目的として設立されました。本部はスイスのジュネーブにあり、2021年度現在の加盟国は194カ国。日本は、1951年5月に加盟しました。手話は、「WH」と「O」の簡略した表現です。

WHO（世界保健機関）B
（ダブリュエイチオー（せかいほけんきかん））

❶ アルファベット「W」を示し

❷ アルファベット「H」を示し

❸ アルファベット「O」を示す

世界保健機関（World Health Organization）の頭文字をとった単語です。手話は、国際手話の指文字＜W＞＜H＞＜O＞の組み合わせです。

ユニバーサルヘルスカバレッジ

❶ 両手のアルファベット「U」をつけ合わせて左右へ引き離し

❷ 左手首を右手の親指と4指の指先ではさむ

Universal Health Coverage (UHC) とは、2015年に国連で採択された「持続可能な開発目標（SDGs）」のターゲットの1つで、「全ての人が適切な予防、治療、リハビリ等の保健医療サービスを、支払い可能な費用で受けられる状態」を指します。手話は、＜ユニバーサル＞＜医・医療＞の組み合わせです。

フレイル

❶ 右手掌で体を円く撫で

❷ 右手の指先「コ」形を左斜め下へ下ろす

日本老年医学会が2014年に提唱したものです。健康な状態と要介護状態の中間に位置し、身体的機能や認知機能の低下が見られる虚弱な状態のことを指します。聴き取る機能の低下を「ヒアリングフレイル」と呼ぶこともあり、啓発活動が進められています。手話は、身体の機能が衰えていくさまを表しています。

健康寿命 (けんこうじゅみょう)

❶ 右手掌で体を円く撫で

❷ 腕を水平に構え、胸前で両手拳を同時に力強く下ろし

❸ 左胸前の左手拳から右手2指を前に引き、後に少し戻し、再び前へ引く

2000年にWHOが提唱した指標。平均寿命から寝たきりや認知症など介護状態の期間を差し引き、日常的に介護などを必要とすることなく、自立した生活を送れている年数のことを表しています。高齢社会白書によると、2019年の日本女性の平均寿命87.45年に対し、健康寿命は75.38年です。手話は、＜健康＞＜寿命＞の組み合わせです。

男性不妊症 (だんせいふにんしょう)

❶ 立てた両手親指をつけ、手前へ半円を描いて引き寄せ再びつけ

❷ 中指を横に立てた右手を小さく上下しながら右へ進め

❸ 右手拳の親指側を額に軽く1回あてる

WHOの基準では、"避妊をせずに通常の性行為を行っているカップル(夫婦)が1年間、妊娠しない状態"と定義し、男性側に原因がある場合を指しています。主に、精子の異常、精路の異常、射精の異常の3つが原因であることが多いようです。手話は、＜男性＞＜精子＞＜病・症＞の組み合わせです。

不妊治療 （ふにんちりょう）

❶ 立てた左手小指の中程から右手人差指で半円を描き

❷ 腹にあてた左手の甲に向けて掌を上に向けた右手指先を2回あてる

不妊治療とは、妊娠・出産を希望しているにも関わらず一定期間、妊娠の兆候がないカップル（夫婦）に対して行われる治療のことです。今や18人に1人は体外受精で産まれているという時代で、不妊治療はそれほど珍しい医療行為ではなくなりました。手話は、妊娠するための治療を意味する表現です。

体外受精 （たいがいじゅせい）

❶ 右手掌で体を円く撫で

❷ 両手甲をつけ合わせ、右手を右斜め前に出し

❸ 5指をつまんだ左手の指先に右手人差指の指先を右からつける

排卵近くまで発育した卵子を体外に取り出し（採卵）、精子と接触させ（媒精）、受精して分割した卵を子宮内に戻す不妊治療のことです。手話は、＜体・身体＞＜別・以外＞＜受精・種苗＞の組み合わせです。

抗体カクテル療法
（こうたいカクテルりょうほう）

❶ 前に向けた左手掌に右手２指の小さい輪をつけ、前に押し出し

❷ 両手掌を上下につけ、こすり合わせるように回し

❸ 掌を下にした左手の手首あたりを右手２指で２回たたく

中和抗体薬治療とも呼ばれている点滴療法です。２種類の抗体を混ぜて投与する方法で、新型コロナウイルスの増殖を抑え、重症化を抑制する効果が確認されています。手話は、＜抗体＞＜混ぜる＞＜療法＞の組み合わせです。

合併症 （がっぺいしょう）

❶ 左手甲に右手をのせて重ね合わせ

❷ 右手拳の親指側を額に軽く１回あてる

合併症とは、ある病気が原因になって起こる、また手術や検査をした後に起こる別の病気のことです。例えば、糖尿病になると血管が弱ってきますが、血管が弱ると動脈硬化が起き、さらに脳梗塞などの病気が発症することがあります。この場合、脳梗塞は糖尿病の合併症となります。手話は、＜重ねる＞＜病・症＞の組み合わせです。

神経B（しんけい）

❶ 右手人差指の
　 先を頭にあて

❷ 左手人差指を右手
　 2指ではさみ、右
　 へ引き出しながら
　 閉じる

外部からの様々な刺激を知覚して身体の各部分に情報を伝達したり、刺激に応じて内臓や組織の機能を調整したりする働きをしています。脳と脊髄からなる中枢神経と、全身の隅々まで広がる末梢神経に大別されます。手話は、頭を指差し＜鋭い＞の組み合わせです。

しびれB

指先を下に向けた右手を
小さく左右に振る

「びりびり」する、「じんじん」するといった症状や、感覚がない、熱さ冷たさを感じない、力がはいらない等の状態に使われています。手話は、手に感覚がない、力が入らない様子を表しています。

病床 (びょうしょう)

❶ 右手拳の親指側を
額に軽く1回あて

❷ 左手掌に掌上向きの
右手2指をのせる

病人の寝床のことで、「病床に伏す（病気になって寝ている）」のように使います。新型コロナウイルス感染拡大に伴い、病院の病床がひっ迫したため、軽症・中等症の場合は入院できないという状況が生じました。手話は、病人が寝ているさまを表しています。

腹腔鏡下手術B
(ふくくうきょうかしゅじゅつ)

❶ 右手を脇腹に
あて

❷ 左手5指で作っ
た「Ｃ」形の中
に右手人差指を
突っ込み

❸ 左手掌に右手
人差指の指先
をあてて手前
に引く

腹部の皮膚を5mm～1cm程度数カ所切り開いて穴を作り、腹腔鏡（内視鏡カメラの一種）とマジックハンドのような専用の手術器具を腹腔内に挿入し、腹腔鏡によって映し出される内部の様子を確認しながら手術を行います。そして、傷が小さく身体への負担が少ないことから広く行われるようになっています。手話は、手術の様子の表現です。

小腸B（しょうちょう）

右手2指の輪を腹前でくねらせ
ながら下ろしていく

食物の消化と栄養の吸収を行う6～7mの管状の消化器官です。消化管全体の約80％を占めています。胃の幽門から出た部位から始まり、腸間膜（ちょうかんまく）にささえられて腹腔の後壁（腹部の内臓が入っている部分の背中側）からぶら下がるように折り重なって入っていて、右下腹部の回盲弁（かいもうべん）で大腸に繋がります。手話は、長く折り重なる小腸のさまを表しています。

 ## 大腸B（だいちょう）

親指と4指で右下腹部から大腸の
形に沿って左側に動かす

長さは約1.5m、太さは約6cmの臓器で、食べ物の最後の通り道です。小腸で消化吸収されなかった食物の残りは、大腸で水分を吸い取られ、肛門にいたるまでの間に段々と固形の便になっていきます。何らかの原因で大腸での水分吸収が不十分だと、軟便になったり、下痢を起こしたりします。手話は、大腸の形を表しています。

尿・おしっこ（にょう・おしっこ）

下腹部で下に向けた右手人差指の
指先を前方へ動かす

＜小便＞と同じ表現
です。

尿漏れB（にょうもれ）

❶ 下腹部で下に向けた
右手人差指の指先を
前方へ動かし

❷ 続けて人差指の
先を下に小さく
数回下ろす

手話は、尿がポタポ
タと漏れるさまを表
しています。標準手話
「尿漏れ」が男性の場
合の表現のため、女
性の場合の表現を工
夫しました。漏れ方
の状況に合わせて工
夫して表してみてく
ださい。

頻尿B（ひんにょう）

❶下腹部で下に向けた右手人差指の先を前方へ動かし

❷右手の親指を立て右斜め前へ往復する動作を繰り返す

1日8〜10回以上、あるいは就寝時に2回以上の排尿があることを頻尿と呼びます。ただし、生活習慣によってその回数は変化し、飲水量の多さや緊張などによっても増えます。そのため、1日8回以上排尿の機会があるからといって、必ずしも病気であるとは言えません。手話は、＜通う＞を取り入れています。

 便・お通じ（べん・おつうじ）

丸めた左手に右手を上から差し入れて指先を出す

＜大便＞と同じ表現です。

ヤングケアラー

❶ 右手掌を額にあて、右へ動かし

❷ 斜めに構えた右手の指文字「ケ」で水平に円を描き

❸ 2指を立て甲を前に向けた右手を右へ引きながら掌を前に向ける

本来、大人が担うような家事や家族の世話、介護、感情面のサポートなどのケア責任を担っている18歳未満の子どもを言います。きこえない親の元で小さい時から通訳などをしてきたきこえる子どももそのように呼ばれることがあります。手話は、＜若い・ヤング＞＜ケアラー＞の組み合わせです。

インフォデミック

❶ 開いた右手の5指を閉じながら手の甲を2回耳に引き寄せ

❷ 5指を折り曲げた両手を上下に向き合わせてかき混ぜるように回し

❸ 甲を上にして両手をつけ、指を広げながら左右斜め前へ同時に出す

英語のインフォーメーション(Information)とパンデミック(Pandemic)を組み合わせた造語で、大量の情報が氾濫するなかで、不正確な情報や誤った情報が急速に拡散し、社会に悪い影響を及ぼすことを指しています。手話は、＜情報＞＜混乱＞＜普及・広がる＞の組み合わせです。

第 2 章

言語・表現

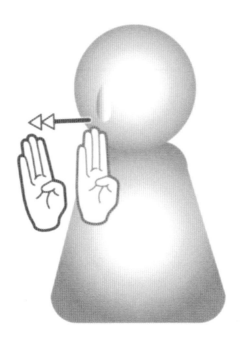

飛鳥（時代）（あすか（じだい））

親指を交差させた両手をそのまま斜め上へ上げる

奈良盆地南部の飛鳥地方に都が置かれていた592年から平城京遷都の710年までの期間を指します。聖徳太子が摂政を務め、それまで「倭国（わこく）」と言われていた日本が、国家としての体制を整えはじめた時代です。手話は、奈良地方で以前から使われている保存手話です。

平安（時代）（へいあん（じだい））

❶ 掌を下に向け揃えて置いた両手を左右へ水平に引き離し

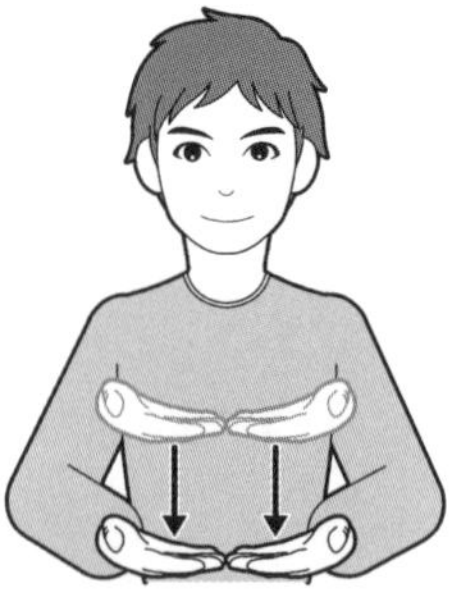

❷ 掌を上に向け指先を斜め前に向けた両手を胸に沿ってゆっくり下ろす

桓武天皇の平安遷都から鎌倉幕府成立まで約400年の間を指します。政治の実権が、貴族による摂関政治（自分の子孫を天皇にすることで勢力をのばす）から、武士による執権（将軍を補佐して、政務を取り締まる地位）政治へと徐々に移行した時代です。手話は、漢字の表現を使っています。

鎌倉（時代）（かまくら（じだい））

左手拳の下で、鎌で刈るように
人差指を曲げた右手を動かす

源頼朝が鎌倉に武家
政権による幕府を開
いてから、1333年の
滅亡に至るまでの約
150年間を指します。
手話は、以前から使
われている保存手話
です。地域によって
は2回表すこともあ
ります。

言語・表現

 ## 室町（時代）（むろまち（じだい））

❶甲を前、指先
を左右に向け
た両手を前後
に置き、軽く
下ろし

❷左右に置いた
両手の指先を
前に向けて軽
く下ろし

❸両手の指先を
斜めにつける
動作を左から
右へ前後に向
きを変えて2
回繰り返す

足利氏が1336〜38
年に政権を握り京都
の室町に幕府を開い
た約235年間の時代
です。足利氏に敗れ
た後醍醐天皇が吉野
で朝廷を維持し（北
朝）、足利氏が京都で
新しい天皇をたてた
ため、「南北朝時代」
とも言われていま
す。手話は、京都など
で以前から使われて
いる保存手話です。

覇権主義 (はけんしゅぎ)

❶ 開いた右手で水平に大きく弧を描きながら胸に引き寄せて握り

❷ 右手の親指を立て、上へ上げ

❸ 左手掌に親指を立ててのせた右手を前へ出す

国家の外交姿勢を表すことばで、特定の国家が影響力を拡大させる為、軍事面・経済面・政治面で自国より弱い他の国々に介入し、その国の主権を侵害し続けることです。手話は、すべてを抱き込み思い通りに従わせるさまを表しています。

権威主義 (けんいしゅぎ)

❶ 左手を握り、腕を折り曲げた上腕に右手人差指でカコブを描き

❷ 左手掌に親指を立てた右手をのせ、頭を下げると共に手を上げ

❸ 左手掌に親指を立ててのせた右手を前へ出す

すぐれた者として他人を威圧して自分に従わせる威力や万人が認めて従わざるを得ないような価値の力を意味する「権威」をふりかざして他人を服従させたり、権威者に対して盲目的に服従したりする態度や行動のことです。手話は＜力＞＜尊い・尊敬＞（権威）と＜主義＞の組み合わせです。

未来を担う（みらいをになう）

❶ 顔の脇に立てた
右手掌を大きく
前方に出し

❷ 掌を上に向けて5指
を折り曲げた両手の
指先を肩にのせる

「未来を担うきこえ
ない若者」というよ
うな時に使う手話表
現です。

 ## 未来を託す（みらいをたくす）

❶ 顔の脇に立てた
右手掌を大きく
前方に出し

❷ 5指を折り曲げて
肩にのせた両手を
前方に出して軽く
下ろす

「きこえない若者に
未来を託す」という
ような時に使う手話
表現です。

Z世代 (ゼットせだい)

❶ アルファベット「Z」を示し（空書）

❷ 2指を立てた両手を合わせ、右手で弧を描きながら下ろしていく

米国で生まれた言葉、1995年以降に生まれ、インターネットが身近にある環境で育ち、SNSでの情報発信や検索に慣れている世代です。先輩の世代として、65年以降に生まれたX世代、81年以降に生まれたY世代の言葉があります。手話は空書＜Z＞に続けて＜世代＞を表現します。

AYA世代 (アヤせだい)

❶ 右手アルファベット「A」を示し

❷ 右手のアルファベット「Y」を示し

❸ 再び、右手で「A」を示し

❹ 2指を立てた両手を合わせ、右手で弧を描きながら下ろしていく

英語の「思春期と若年成人（Adolescentand Young Adult)の頭文字からつくられた言葉で、10代後半から30代の人たちを指します。今、AYA世代のがん患者は2万人以上いると推計され、この世代の患者をどう支援するかが課題になっていることから使われています。手話は、日本式アルファベット＜A＞＜Y＞＜A＞と、＜世代＞の組み合わせです。

肉食動物 (にくしょくどうぶつ)

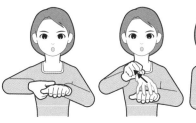 

❶甲を上にした左手の親指と人差し指のつけ根を右手2指ではさみ

❷残した左手を右手5指で食べるようにつかみ

❸折り曲げた両手3指を前後に置き、前へ出す

動物の身体に起源する食物（動物性プランクトンや腐肉等を含む）を主に摂取する動物で、ライオン、トラ、ヒョウなどがいます。手話は、＜肉＞を両手で表してから、右手で肉食動物の歯で肉を食べる表現です。

草食動物 (そうしょくどうぶつ)

❶甲を前にし、指を広げて立てた両手を交互に小さく上下して左右に離し

❷残した左手を右手5指で食べるようにつかみ

❸折り曲げた両手3指を前後に置き、前へ出す

生きている植物を主に摂取する動物で、シマウマ、キリン、サイなどがいます。手話は、＜草＞を両手で表してから、右手で草食動物の歯で草を食べる表現です。肉食・草食の食べ方の違いを工夫してみてください。

23

刑務所 (けいむしょ)

 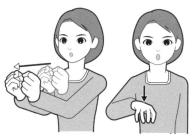

❶ 横にした左手2指の腹に右手2指の指先をあてて下ろし

❷ 両手拳を手のつけ根で合わせ、前へ出し

❸ 右手の5指を折り曲げ、指を下に向けて軽く下ろす

法律に違反した犯罪者が裁判の結果「有罪」となり、実刑判決（懲役刑や禁固刑等）を言い渡されて収容される国立の刑事施設です。受刑者に刑罰を受けさせるだけでなく、更生をさせるためのプログラムも組まれています。手話は、以前から使われている表現で、受刑者が収容されるさまを表しています。

留置場B (りゅうちじょう)

❶ 小さく丸めた右手2指を額の上部にあて

❷ 親指を立てた左手の前を遮るように右手を上から振り下ろして置き

❸ 右手の5指を折り曲げ、指を下に向けて軽く下ろす

逮捕・勾留された被疑者を留置する施設のことです。「刑事収容施設及び被収容者等の処遇に関する法律14条1項」により各都道府県警察署内に設置され、全国に約1,300カ所あります。手話は、＜警察＞＜勾留＞＜場所＞の組み合わせです。＜勾留＞は、外部から遮断しておくことを意味する表現です。

拘置所B (こうちしょ)

❶ 両手拳を手のつけ根で合わせ、前へ出し

❷ 右手の5指を折り曲げ、指を下に向けて軽く下ろす

逮捕・拘留された被疑者の刑が確定するまで留置する施設のことです。法務省の管理下にあり、全国に8カ所あります。拘置所には、死刑が確定した囚人等も収容されています。手話は、＜捕まる・拘束B＞＜場所＞の組み合わせです。

広義 (こうぎ)

❶ 指を前向きにして掌を向かい合わせた両手を外側へ広げ

❷ 左手掌の下を右手人差指でくぐらせて前へ出す

ある言葉が持っている意味の範囲が広い場合、一般的に多く用いられている意味のことや、ひとつの言葉が持つ意味合いのうち範囲が広い側の意味のことを指しています。手話は、＜広い＞＜意味＞の組み合わせです。

言語・表現

狭義 (きょうぎ)

❶ 指を前向きにして
掌を向い合わせた
両手を内側へ狭め

❷ 左手掌の下を右手
人差指でくぐらせ
て前へ出す

ある言葉が持っている意味の範囲が広い場合、そのなかで限定的に解釈した意味合いのことを指します。「ろう者」は広義できこえない人を意味し、狭義で手話言語を使うきこえない人を意味するようなことです。手話は、〈狭い〉〈意味〉の組み合わせです。

後方支援 (こうほうしえん)

❶ 人差指を立てた
左手の後ろに右
手掌を回し

❷ 立てた左手人差指
の背を右手掌で軽
くたたく

本来は軍事用語ですが、新型コロナウイルス感染拡大の影響で、医療場面でも使われるようになりました。回復後も、引き続き入院を必要とする患者の転院受け入れや、療養中の心理的・社会的問題の解決・調整支援など、コミュニケーション面も含めた医療福祉相談業務を指します。手話は、後方で支援するさまを表しています。

知能指数（IQ）
（ちのうしすう（アイキュウ））

❶ 人差指の指先を頭の
中央部にあて

❷ 右手小指で「Ｉ」
の字形を示しQを
空書する

数字で表した知能検査の結果の表示方式のひとつで、略して「IQ」が使われます。IQの指標としてはウェクスラー式知能検査や田中ビネー知能検査などがあり、手話言語研究所では聴覚障害児向けの知能・発達検査マニュアルの開発が進められています。手話は、＜脳＞とIQを空書する表現です。

探査（たんさ）

❶ 右手２指の輪を目の
前で回しながら右方
へ移動し

❷ 右手の曲げた２指
の指先を目に向け
て左右に振る

未知の物事について、さぐり調べることです。例えば、「鉱脈の有無を探査する」「火星探査機」のように使います。手話は、＜探す＞＜調べる＞の組み合わせです。

アドバイザリーボード

❶ 左手の立てた親指の背を右手掌で前に押し出すように2回たたき

❷ 立てた右手人差し指を口元から前へ出し

❸ 掌前向きの両手を並べ整列するように左右に引き離す

例えば「新型コロナウイルス感染症対策アドバイザリーボード」では、感染症対策を円滑に推進するために、医療・公衆衛生分野の専門的・技術的な事項について、厚生労働省に対し必要な助言等がなされています。手話は、助言者が横並びに整列しているイメージの表現です。

  ## かけ子 (かけこ)

❶ 右手2指を伸ばし親指を耳に、小指を口にあてて斜め前に出し

❷ 右手の5指を折り曲げ、指先を右肩にのせる

オレオレ詐欺のような特殊詐欺における役割分担の1つで、被害者に電話で言葉巧みにだます役です。詐欺グループの中では中心的な役割に位置します。孫がきこえないのにオレオレ詐欺の電話がかかってきたという笑えない話があります。手話は、＜電話をかける＞＜役割・担当＞の組み合わせです。

出し子 *(だしこ)*

左手2指でカードを持ち、差し入れるしぐさをし

② 残した左手の横で前方に開いた右手を握りながら手前に引き寄せ

③ 右手の5指を折り曲げ、指先を右肩にのせる

特殊詐欺における役割分担の1つで、被害者から犯行グループの預貯金口座に振り込まれた現金を引き出す役です。身元が明らかになるリスクがあるため、詐欺グループでは末端に位置します。手話は、（カードを入れる動作）と＜お金＞＜取る＞＜役割・担当＞の組み合わせです。

言語・表現

 受け子 *(うけこ)*

❶ 右手2指で輪を作り、「お金」を示し

❷ 前方に開いた右手を握りながら手前に引き寄せ

❸ 右手の5指を折り曲げ、指先を右肩にのせる

特殊詐欺における役割分担の1つで、被害者から直接現金を受け取る役です。詐欺グループの中では末端の役ですが、詐欺の実態を把握していないことも多いと言われています。手話は、＜お金＞＜取る＞＜役割・担当＞の組み合わせです。

無為・無策 (むい・むさく)

❶ 頭をかしげ、右手人差指でこめかみをえぐるように回し

❷ 指を広げて立てた両手を素早く半回転し

❸ 甲を上にして平行に置いた両手拳を同時に前へ出し

❹ 指を広げて立てた両手を素早く半回転する

> なんの対応策も講じないで、ただただ傍観していること、そのさまを表現する言葉です。手話は、<考える><ない><する><ない>の組み合わせです。

後手 (ごて)

指先を前に向けた右手人差指を掌下向きの左手前方から手前に動かす

> 一般的には相手に先を越されることですが、災害が起きた時にきこえない被災者への準備ができていなかったためにコミュニケーション保障などの対応が遅れた時も使われる言葉です。手話は、先導していたものが後ろに回ってしまうさまを表しています。

緊急通報（きんきゅうつうほう）

❶ 右手２指をこすり
ながら上げて親指
を立て

❷ 両手２指の輪をつ
なぎ合わせ、弧を
描いて前へ出す

緊急通報とは、事故や火
災などの時に警察・警備
会社や消防署にすぐ連
絡することです。音声が
主ですが、高齢者向けに
ボタンを押すだけのシス
テムが普及していま
す。きこえない人は
「Net119」などのアプ
リで緊急通報ができる
ようになっており、電話
リレーサービスでも可
能となっています。手話
は、＜すぐ・緊急C＞＜連
絡・通報＞の組み合わせ
です。

 # 激甚（げきじん）

右手人差指を少し曲げた指文字
「ム」形を右方へ強く引く

たいそう激しいこ
と、また甚だしいこ
とです。ふつう望ま
しくないことに使わ
れます。地震や大雨
など、被害の規模や
範囲などが極めて大
きく激しい場合に使
われる言葉で、激甚
災害法に基づいて激
甚災害の指定や財政
的な支援が行われま
す。手話は、＜とても
（大変）＞を強調した
表現です。

様子を見る（ようすをみる）

❶ 両手を上下に少しズラして指を前に向け、左右に動かして交差を繰り返し

❷ 少し前方で、指先を斜め上に向けそろえて置いた両手を軽く2回前に出す

「物事の動向を伺う」「成り行きを見守る」という意味があります。例えば、病院で医者から「薬を出すので様子を見ましょう」や「新しい手話サークルに入ったので様子をみる」などと使われます。手話は、＜しばらく＞＜そのまま＞の組み合わせです。

幅・幅を持たせる（はば・はばをもたせる）

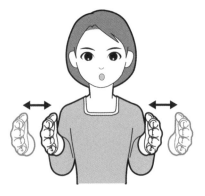

指先を前、掌を向き合わせた両手を小刻みに左右へ動かす

一つに決めず、余裕を持たせること、また、一定の範囲内で臨機応変に対応できる融通が利くようにすることです。例えば、血液検査などの正常値はある程度の幅があります。またマニュアル通りの接客よりは、幅を持たせた柔軟な接客が大切だといった場面で使われることがあります。手話は、＜間口＞と同じ表現です。

油を売る（あぶらをうる）

右手の指を小刻みに上下させながら
口元から前へ出す

江戸時代、髪の油を売る商人が、婦女を相手に長々と世間話をしながら油を売っていたことから、無駄話をするなどして、仕事を怠けることを「油を売る」と言うようになったそうです。手話は、＜おしゃべり・口述＞と同じ表現です。表情や姿勢を左右に少し傾けるなど工夫してみてください。

 # 梯子を外す（はしごをはずす）

❶ 親指を立てた左手の下を右手の指でたたきながら上げていき

❷ 右手を左腕の外側に沿って切るようにする

「梯子を外される」と受け身の表現がよく用いられ、はしごを外されて高い所に置きざりにされる様子から転じて、先に立って事に当たっていたのに仲間が手を引いたために孤立するとか、おだて上げられた後に味方する者が周囲にいなくなって孤立状態に陥るとかいう意味になります。手話は、＜煽てる＞に続けて縁を切る表現です。

視野が広がる （しやがひろがる）

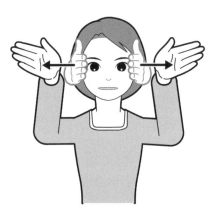

指先を前に向けた両手をこめかみに置き、指先を左右に開く

視野という言葉は、元々は「目で見えている範囲」のことを指しますが、そこから意味が転じて、思考や知識の幅が広く多面的に物事をみることができる状態になることを「視野が広がる」と言います。手話は、目で見えている範囲が広くなるイメージの表現です。

誰一人取り残さない
（だれひとりとりのこさない）

❶ ５指を立てた左手掌の中から、人差指を立てた右手を右へ動かし

❷ 掌を左に指先を上に向けた右手を左右に振る

2015年に国連総会で採択された持続可能な開発目標（Sustainable Development Goals:SDGs)の原則です。「目標とターゲットがすべての国、すべての人々、及びすべての部分で満たされるよう、誰一人取り残さない」としています。手話は、＜孤立＞することをさせない様を表しています。

あげ足をとる（あげあしをとる）

立てた左手人差指に向けて右手人差指を2回振り下ろす

技を掛けようとした相手の足を取って倒す意味が転じて、人の言いまちがいや言葉じりをとらえて非難したり、からかったりすることを意味します。手話は、＜批判＞と同じ表現になります。

言語・表現

 明日は我が身（あすはわがみ）

❶ 顔の脇から右手を少し前に出し

❷ 前方に向け5指を曲げた両手の指先を胸に引き寄せる

「人間には不幸や災いがいつふりかかるかわからない」という意味の慣用句で、他人事とは考えず、自分のこととして戒めなさいという教えです。手話は、近い将来、他の人に降りかかっていたのと同じものが自分に降りかかるさまの表現です。

後の祭り（あとのまつり）

❶ 指を上に向けて開いた
両手を同時に下ろしな
がら5指を閉じる

❷ 右手小指側で右胸
上部をたたく

「今さら悔やんでも後の祭りだ」というように、時機を逃して、今からやっても無駄になることを意味します。手話は、「終わってしまった今、仕方のないことだ」と＜終る＞＜後悔＞の組み合わせです。

腕に縒りをかける（うでによりをかける）

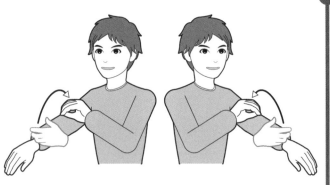

左右の順に長袖の袖を捲り上げる
動作をする

自分の能力を十分に発揮しようと、あらゆる技術と時間を惜しまずに取り組むことです。料理が得意な人が、さらに多大な時間と労力をかけて料理を作る場合に使用することが多いようです。手話は、物事に真剣に取り組むときに衣服の袖の部分を捲り上げるさまを表しています。

奇想天外 （きそうてんがい）

顔に向けてつまんだ右手指先を開く
動作を繰り返しながら一周させる

全く思いもよらない
ような奇抜なことを
意味します。一般的
には人から言われる
とあまり嬉しくない
言葉ですが、芸術家
や音楽家には褒め言
葉になるかもしれま
せん。手話は、「ほぉ
〜」と感嘆するよう
な表情で、顔の輪郭
に沿って＜珍しい＞
を小さく繰り返し表
します。

波瀾万丈 （はらんばんじょう）

指先を左に向けた右手を上下に大きく
波うたせながら左へ動かす

大波小波が落差激し
く次々とうねり来る
ように、人生の浮き
沈みがきわめて激し
く、劇的であるとい
う意味です。波乱万
丈に生きた有名人と
いえば誰が思い浮か
ぶでしょうか。手話
は、＜波＞を大きく
繰り返し表します。

早口言葉 (はやくちことば)

同音が重複して発音しにくいセリフなどを、誤らずに早口に言う言葉遊びです。最もよく知られているのが「なまむぎなまごめなまたまご（生麦生米生卵）」です。手話は、＜言葉＞を矢継ぎ早に口から前に繰り返し出します。さて、手話の早口言葉はあるのでしょうか。

口元で曲げた両手人差指を上下に置いて「」を示し、繰り返し素早く前に出す

俯瞰 (ふかん)

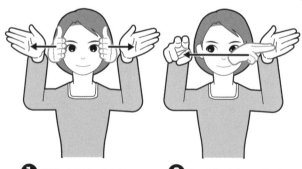

高い所から物事を見下ろすこと、あるいは、広い視野で全体を把握することです。例えば、「俯瞰的に見る」は、物事を判断するときに、一部分だけを見るのではなく、対象となる事物や案件から一歩引いて「全体像をしっかりと見る」という意味になります。手話は、広い視野で全体を見渡すイメージの表現です。

❶ 指先を前に向けた両手をこめかみに置き、指先を左右に開き

❷ 左手を残し、伸ばした右手２指で見渡すように左から右へ動かす

年末年始（ねんまつねんし）

❶ 左手拳の親指側に
右手人差指を下ろ
してあて

❷ 指先を前に伸ばした
左手掌に右手の指先
を直角にあて

❸ 左手拳の親指側に
右手人差指を下ろ
してあて

❹ 掌を前に向け、人差
指側をつけた両手を
左右へ引き離す

12月の終わりから
翌1月の初めにかけ
ての時期を表しま
す。一般的に12月
25日〜31日までが
年末、1月1日〜1月
上旬が年始とされて
おり、官公庁や企業
などでは、年末年始
の休みの期間は基本
的に12月29日〜1
月3日となっていま
す。手話は、＜年末＞
＜年始＞の組み合わ
せです。

縦割り行政（たてわりぎょうせい）

❶ 指先を前に向け掌を
向き合わせた両手を
上方から下ろし左右
に払い

❷ 甲を上にした両手
3指を同時に斜め
前へ2回出す

個々の行政事務の処
理・遂行にあたり、他
の省庁との横の連
絡・調整がほとんど
なく、それぞれが縦
（上下）のつながりだ
けで行われている日
本の行政の有り様の
ことです。手話は、
＜行政＞が縦割りに
なっているイメージ
の表現です。

臆病 (おくびょう)

左手掌に右手2指の指先を
のせて震わせる

気が小さく、ちょっとしたことにも怖がったりしりごみしたりすることです。そのような特徴がある人のことを「臆病者」と言うこともあります。手話は、＜こわい・スリラー＞と同じ表現です。

明確 (めいかく)

両手掌を顔に向けて並べて立て、
同時に前後逆方向に動かす

はっきりそうだと分かっていて、まちがいのないことです。例えば、「明確な指示を出す」「立場を明確にする」「明確な証拠」のように使います。手話は、＜はっきり＞と同じ表現です。

封じ手 (ふうじて)

言語・表現

❶ 甲を上に向けた左手
２指を打ち下ろして
前へ出し

❷ 残した左手に右手を
丁寧にかぶせる

将棋などの対局がその日だけで勝敗が決まらない時、その日の最後の手を書いて密封しておくことです。翌日にそれを開いて、それ以後の勝負を再開します。手話は、左手＜将棋＞に右手を丁寧にかぶせる表現です。

 加減 (かげん)

掌を前に向けて立てた両手を
交互に上下する

この場合の「加減」は、物事の状態や程度、身体の具合などのことを指します。例えば、「ほろ酔い加減」「身体のお加減はいかがでしょうか」のように使います。手話は、＜状態＞と同じ表現です。

リカレント教育
（リカレントきょういく）

❶ 右手の指文字「ヤ」形を左へ動かして左手掌に親指をあて

❷ 指先を前に向けて折り曲げた右手を円を描きながら下ろしていき

❸ 横に向けた右手人差指を前方斜め下へ2回振る

変化する社会に適応するために、生涯にわたり周期的に学びとキャリアを繰り返す循環・反復型の教育システムをさします。コロナ禍を機に、オンライン等を活用したきこえない社会人向けのリカレント教育も始まっています。手話は、＜生涯＞＜繰り返し・いたちごっこ＞＜教育＞の組み合わせです。

磁場（じば）

❶ 左手2指を折り曲げた指先へ開いた右手を握りながら引き上げ

❷ 右手5指を折り曲げ、指を下に向けて軽く下ろす

磁石に鉄がくっつくような力が作用している空間のように、磁石や電流のまわりに存在する力の場のことで、磁界ともいいます。実用例として、MRI装置、リニアモーターなどがあります。手話は、＜マグネット＞＜場所＞の組み合わせです。

第 3 章

仕事・IT

eスポーツ（イースポーツ）

❶ 両手を揃えて並べ
親指を曲げる動作
を繰り返し

❷ 親指を立てた両手
を交互に前後する

「エレクトロニック・スポーツ」の略称で、コンピューターゲームなどを使った対戦をスポーツ競技として捉える際の名称です。チーム対戦も多く存在し、フィジカルスポーツ同様にチーム力やコミュニケーション力が求められます。いつかデフリンピックでもeスポーツの競技が開催されるでしょうか。手話は、＜ゲーム＞＜競技・スポーツB＞の組み合わせです。

IoT（アイオーティ）

左手2指を立て、左手人差指の先に
右手「O」の親指側をのせる

Internet(インターネット) of Things（物）の略称で、モノがインターネットでつながり、新たな付加価値を産み出す技術のことです。具体例として、スマート家電、自動運転車、産業用ロボットなどがあります。手話は、＜IT＞と＜O＞の合成です。

半導体 (はんどうたい)

指先を前に向けた左手掌に右手人差指を
つけて親指と中指を2回はじく

金属などの電気が
流れやすい「導体」
と、ゴムなどの電気
が流れにくい「絶縁
体」との中間の性質
をもつ物質や材料
(シリコンやゲルマ
ニウムなど)のこと
です。それを用いて
電子部品をつくり、
それらを集積した
回路をつくります。
手話は、<電気>と
<半分>の合成で
す。

ウエアラブル端末
(ウエアラブルたんまつ)

 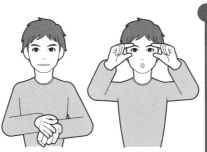

❶ 左手2指を
立て、左手
人差指に右
手人差指を
水平にのせ

❷ 握った左手首の
上に右手2指の
輪をのせ

❸ 丸めた両手
2指を両目
にあてる

手首や腕、頭などに
装着するコンピュー
ターデバイス(端
末)です。代表的な
例として、腕時計の
ように手首に装着
するスマートウォッ
チやメガネのよう
に装着するスマート
グラスが挙げられ
ます。手話は、<IT>
<腕時計><眼鏡>
の組み合わせです。

校閲 (こうえつ)

文章に書いてある内容の事実誤認を防ぐために資料の確認や、無許可の引用や差別につながる表現がないかなどを確認して修正する作業です。手話は、＜直すB＞＜調べる＞の組み合わせです。

❶ 左手掌の上に右手人差指で位置を変えて3回手前に向けて線を引き

❷ 右手の曲げた2指の指先を目に向けて左右に振る

ゲラ

「ゲラ刷り」の略語で、印刷前のチェック用「校正紙」を意味します。原稿を本番のレイアウトに流し込んだもので、文字や写真、図の配置と大きさ、改行位置、改ページ位置を見るのに必須です。手話は、＜試す・トライ＞＜印刷B・刷る＞の組み合わせです。

❶ 右手人差指を立て、指先をで目の下を2回たたき

❷ 指先を前に向けた両手掌を上下に重ね右手を繰り返し前に出す

校了 (こうりょう)

校正や校閲が完了し、印刷しても差し支えない状態になることです。手話は、＜直すB＞と＜終わるB＞の組み合わせです。

❶ 左手掌の上に右手人差指で位置を変えて３回手前に向けて線を引き

❷ 指を上に向けて開いた両手を同時に下ろしながら５指を閉じる

責了 (せきりょう)

印刷会社やWeb制作会社の責任において修正し校了する、「責任校了」の略称です。初校・再校などを経た後のちょっとした修正なので、印刷会社やWeb制作者が最終チェックすれば再度の原稿出力が不要な場合に使われます。手話は、＜責任＞＜終わるB＞の組み合わせです。

❶ 右手の５指を折り曲げ、指先を右肩にのせ

❷ 指を上に向けて開いた両手を同時に下ろしながら５指を閉じる

仕事・IT

e-Tax（国税電子申告・納税システム）
（イータックス（こくぜいでんししんこく・のうぜいシステム））

❶ 右手のアルファベット「e」を小さく回し

❷ 右手2指の輪を開きながら掌を上にして下ろし、指先を体に向ける

国税庁の下部組織である税務署が開設している国営のオンラインサービスで、「Tax」は税を意味します。自宅やオフィスにいながら、スマートフォンやコンピューターで国税に関する申告・申請・届出・納税の手続きが行えます。手話は、アルファベットの＜e＞と＜税金A＞の組み合わせです。

プログラミング

❶ 立てた左手掌に右手人差し指で段をつけて下ろしていき

❷ 左手拳の親指側を右手拳の小指側で2回たたく

「このボタンを押したら、この画面が開いて、このデータを表示する」というような、「コンピュータを動かすための指示書を書くこと」です。2020年に学習指導要領が改訂され、小学校でプログラミング教育が必修化されました。手話は、＜プログラム＞＜作る＞の組み合わせです。

メタバース

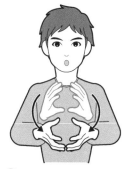

❶ 5指の指先を上に向け下に小さく弧を描きながらこめかみから斜めに上げていき

❷ 丸めた両手の親指と4指の指先をつけて前に半回転させる

通信ネットワーク上に作られた仮想空間のことです。多人数が参加でき、参加者はアバターとなってその中で自由に行動できます。将来はメタバースの中で手話でコミュニケーションが取れるようになるでしょうか。手話は、＜想像B＞＜世界＞の組み合わせです。

アバター

並べて置いた両手の指文字「ア」を体の線を描くように下ろす

SNSやブログ、チャット、オンラインゲームなどのコミュニティサイトで、自分の分身として表示されるキャラクターのことです。手話CG動画で使われるキャラクターもアバターと呼ばれます。手話は、指文字＜ア＞と＜姿＞の合成です。

量子コンピューター
（りょうしコンピューター）

❶ 左手拳を胸前に置いた横で、右手で指文字「リ」を示し

❷ 両手人差指を前に向け、同時に垂直の円を描く

量子力学の現象を応用し、「0であり1でもある」とする重ね合わせた状態による「量子ビット」で情報を扱うことにより、従来型のコンピュータが苦手な複雑な計算を高速で解くことができるとして研究開発されています。手話は、左手＜核＞、右手＜リ＞で表す＜量子＞＜コンピューター＞の組み合わせです。

オペレーション

左手甲を右手でたたき、右手の掌を上にして右方へ順に置いていく

使われる場面で様々な意味を持つ言葉ですが、ビジネスでは一般的に、業務の目標を達成するため、物事を運営・推進していく手順を定めること、また、それに沿って実施していく一連の作業、実務のことを言います。

履歴 (りれき)

人や物の過去から現在までの記録のことですが、ここでは電話やメールなどを送受信した記録を示しています。手話は、左手掌を発信元のアドレスや時刻が記録された紙や画面などを、右手は記録が順に下に表示されていくさまを表しています。

斜めに置いた左手掌に指を揃えた右手甲側をのせ、指を開きながら下げる

再接続 (さいせつぞく)

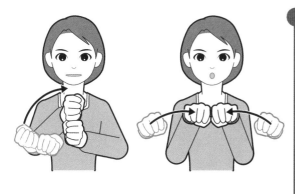

インターネットに接続していて、エラーなどで接続が切れた際に、回復のために接続し直すことです。場合によっては、再起動が必要なこともあります。手話は、＜復帰＞＜仲介・繋ぐB・接続＞の組み合わせです。

❶ 寝かせてつけ合せた両手拳を引きおこして立て

❷ 両手拳を左右から引き寄せて親指側をつけ合わせる

プラットホーム（IT関連）
（アイティかんれん）

❶ 両手の指文字「ア」の指先を上と下に向けて同時に右回りに回し

❷ 残した左手の下に右手で水平円を描く

土台となる環境のことで、IT関連ではアプリケーションを動かすためのOS（WindowsやMacなどのオペレーションシステム）やハードウェア（PCや周辺機器）などを指します。電話リレーサービスでも専用のプラットホームが使われています。手話は、＜アプリケーション＞＜環境＞の組み合わせです。

双方向（そうほうこう）

人差指の指先を左右に向けた両手を胸前で交差させる

情報の伝達が一方向でなく、どちらからも発信して情報のやり取りができることです。例えばラジオ放送は聞くだけですが、電話はお互いに話し合えるので双方向になります。手話は、双方向のさまを表していますが、場面によっては前後の動作になる場合もあります。

用件 (を預かる)
(ようけん (をあずかる))

仕事・IT

❶ 4指を曲げ、指先を向き合わせた両手を体の方へ強く引き寄せ

❷ 胸前の空間を左手で仕切った内側で下に向けた右手人差指を回す

「なすべき事柄」という意味の言葉で、やらなくてはならない仕事や、伝えるべき事柄を言います。例えば、電話リレーサービスの注意点に「用件が完了するまでは電話は切らずにお待ちください」などが記載されています。手話は、<必要><内容>の組み合わせです。

要件 (ようけん)

❶ 4指を曲げ、指先を向き合わせた両手を体の方へ強く引き寄せ

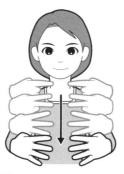

❷ 両手を下ろしながら人差指から順に伸ばし、指先を向き合わせる

「必要な条件」という意味です。例えば、電話リレーサービスの通訳オペレータの要件として、「手話通訳技能認定試験、手話通訳者全国統一試験、全国統一要約筆記者認定試験の合格者、または、同等以上の知識と技術を持った者」が挙げられています。手話は、<必要><条件>の組み合わせです。

折り返しの電話 （おりかえしのでんわ）

❶ 両手掌を番号順に下ろしながら真ん中で打ち合わせ

❷ 右手2指を伸ばし、親指を耳に、小指を口にあてそのまま斜めに出す

AさんからBさんに電話がかかってきたがBさんがバタバタしているなどの理由で応対できず、後ほど改めてBさんからAさんに電話する行為です。手話は、＜改めて＞＜電話をかける＞の組み合わせです。

失礼いたします （電話を切る）
（しつれいいたします （でんわをきる））

❶ 指を上に向けて開いた両手を同時に下ろしながら5指を閉じ

❷ 左手甲に小指側を直角にのせた右手を上げながら頭を下げる

電話をかけた側が、「これで終わりです」を伝えるときに言う挨拶の1つです。ただし、「さようなら」のように単なる言葉として用いられることもあるので、実際はどちらが先に言ってもそう不自然ではないことが多いです。手話は、＜終わるB＞＜ありがとう＞の組み合わせです。

着信履歴（ちゃくしんりれき）

電話がかかってきたことを示す記録です。誰から、いつ（日時）かかってきたのかが表示されます。手話は、電話がかかってきた相手の履歴が表示されるさまを表しています。

❶ 2指を伸ばした右手を右斜め前から口元に引き寄せ

❷ 斜めに置いた左手掌に指を揃えた右手甲側をのせ、指を開きながら下げる

 ## 発信履歴（はっしんりれき）

電話をかけたことを示す記録です。誰に、いつ（日時）かけたのかが表示されます。手話は、電話をかけた相手の履歴が表示されるさまを表しています。

❶ 右手2指を伸ばし親指を耳に小指を口にあてて斜め前に出し

❷ 斜めに置いた左手掌に指を揃えた右手甲側をのせ、指を開きながら下げる

仕事・IT

フリーダイヤル

左手親指の先を耳元に人差指の先を口元に
置いた横で右手人差指でフリーダイヤルの
マークを空書する

「0120」の番号で始まるNTTコミュニケーションズの商標です。1985年から開始され、企業など契約した側が通話料金を負担するため、発信者は無料となるサービスです。手話は、左手＜オペレータ＞の横で、右手でフリーダイヤルのマークの形を空書します。

留守番電話（留守電）
（るすばんでんわ（るすでん））

❶ 斜めに構えた左手の
下で右手を振り

❷ 右手2指を伸ばし
親指を耳に、小指
を口にあてる

不在時に着信した電話について、相手のメッセージを録音することのできる電話の機能です。移動中や大事な仕事で電話に出られない、または病院の診察中などで携帯電話の電源を切っているときなどに、電話をかけてきた方の伝言メッセージを預かることができます。手話は、＜留守＞＜電話＞の組み合わせです。

電話リレーサービスB
（でんわリレーサービス）

❶ 左手2指の「L」字形の中から、2指を伸ばした右手を斜め前に往復させ

❷ 左手4指の人差指の上を滑らせて右手人差指を前へ出す

きこえない人ときこえる人をオペレータが通訳して電話でつなぐサービスで、法律に基づく公共インフラサービスです。手話は、「L」字形で表現したスマートフォンやコンピューターの画面の位置から＜電話＞のやりとりをするイメージの表現です。

オペレータ

伸ばした親指の先を耳元に
人差指の先を口元に置く

電話リレーサービスで活躍する「通訳オペレータ」の略語です。通訳オペレータが手話通訳をしやすいようにヘッドマイクを使用していることから、手話は、ヘッドマイクのマイク部分を表しています。

ユーザーB・利用者
（ユーザー・りょうしゃ）

❶ 前に向けて開いた右手2指を手前に引き寄せながらつまみ

❷ 2指を立て、甲を前に向けた右手を右に引きながら掌を前に向ける

実際に商品やサービスなどを使う人、または買う人を意味します。また「手話言語ユーザー（利用者）」という使い方もあります。手話は、＜利用＞＜〜人・〜者＞の組み合わせです。

利用者ログインURL
（りようしゃログインユーアールエル）

❶ 前に向けて開いた右手2指を手前に引き寄せながらつまみ

❷ 2指を立て、甲を前に向けた右手を右に引きながら掌を前に向け

❸ 左手5指の輪に右手の指文字「ロ」の指先を差し込み

❹ 甲を前に指先を右に向けた左手掌に右手親指をあて右に引く

「URL」とは、インターネットにおける住所に相当します。電話リレーサービスなどのサービスを利用するには、スマートフォンやコンピューターでIDとパスワードを入れるログイン画面のURLを開く必要があります。手話は、＜ユーザーB＞＜ログイン＞＜アドレス＞の組み合わせです。

文字通訳（もじつうやく）

❶ 両手の親指のつけ根で組み合わせて左から右に動かし

❷ 右手親指を立て口元で左右に動かす

情報端末（スマートフォンやコンピューターなどの総称）や手書きなどで、文字を用いて通訳することです。電話リレーサービスでは、＜文字＞を選択すると文字チャットを用いての通訳が行われます。手話は、＜文字＞＜通訳＞の組み合わせです。

 ## 文字チャット（もじチャット）

❶ 両手の親指のつけ根で組み合わせた両手を左から右へ動かし

❷ 両手2指の「C」をかみ合わせるように交互に前後に動かす

オンラインで接続されている状態でリアルタイムに文字で会話する仕組みで、電話リレーサービスやお問い合わせなどの手段で用いられています。Zoomなどビデオ電話システムでも手話会話と同時にチャットで情報を送受信できます。手話は、＜文字＞＜チャット＞の組み合わせです。

ワーケーション

❶ 左寄りで両手掌を上に向けて左右から指先を2回近づけ

❷ 右寄りで水平に置いた両手を引き寄せて親指側をつけ合せ

❸ 人差指を立て掌を上に向けた両手を内側に返して平行に置き

❹ 続けて同時に前に出す

仕事「ワーク」と休暇「バケーション」の造語ですが、「休暇」と見なすこともあれば、「チーム力や創造力を高める働き方」、「余暇を楽しみつつ仕事をする事」といった考え方もあります。手話は、＜仕事＞と＜休む＞を並行するさまを表しています。

出稼ぎ労働者（でかせぎろうどうしゃ）

❶ 左手を斜めに構えた下から親指を立てた右手を右斜め前に出し

❷ その位置で両手掌を上に向けて左右から指先を2回近づけ

❸ 続けて、2指を立てた両手を左右に揺らしながら引き離す

一定期間、居住地を離れて働き、就労期間が終了した後は元の居住地に帰る人です。自分の居住地域では就職先が見つけられない場合や、所得水準が高い場所を求める場合などに行われます。外国に出稼ぐ人の割合が高い国もあります。手話は、居住地から離れて働くさまを表しています。

第 4 章

社会・経済

フェーズ

左手の指文字「フ」の横から
右手を水平に右へ動かす

「段階」や「局面」を意味する英語「phase」から来ています。ビジネスでは、主にプロジェクトをいくつかの工程に分ける際に「第1フェーズ」「第2フェーズ」などと使用します。手話は、指文字＜フ＞の横から段階を示すように水平に動かします。

ボーリング調査
（ボーリングちょうさ）

❶ 左手の親指と4指の間へ右手人差指を下に向けて回しながら下ろし

❷ 右手の曲げた2指の指先を目に向けて左右に振る

地盤に穴を開けて土のサンプルを採取し、地盤の硬さや地層状況を調べる際に用いられる地盤調査方法です。工事を行っても地盤が崩れることがないかなどの安全性を検討する資料を得ることを目的として行われます。温泉の水源調査にも使われます。手話は、地面に穴を開けて＜調査＞するさまを表しています。

エッセンシャルワーカー

❶ 両手２指を少し丸め
て指先を向き合わせ
て垂直の円を描き

❷ 湾曲させた右手掌で
左頬を軽くたたき

❸ 両手掌を上に向け
て左右から指先を
２回近づけ

❹ ２指を立てた両手を
左右に揺らしながら
引き離す

「きわめて重要な」
のエッセンシャルと
「労働者」のワーカー
を組み合わせた言
葉で、生活の根幹を
支える医療・福祉・第
一次産業・物流・小
売業などで働く人々
のことです。きこえ
ない人にとって手話
通訳者もそうです。手
話は、＜生活＞＜大
切＞＜労働者＞の組
み合わせです。

エビデンス

左手掌に５指を折り曲げた
右手をのせる

「根拠」の意味で、医
療では、臨床結果な
どの科学的根拠の意
味で使われていま
す。ろう教育もエビ
デンスに基づいて行
われているかが従来
からの課題となって
います。手話は、＜証
拠＞と同じ表現で
す。

社会・経済

サステナビリティ

❶ 右手2指の「C」形を胸前から前に出し

❷ 湾曲させた右手の指先を左胸にあててから右胸にあてる

SDGsの「S」に相当する概念で、直訳すると「持続可能性」、「環境・社会・経済」の観点から、長期間にわたって地球環境を壊すことなく、資源も使い過ぎず、良好な経済活動を維持し続けることを意味します。手話は、＜ベース＞＜可能＞の組み合わせです。

サプライチェーン

❶ 掌を上に向けた両手の指先を前に出しながらつけ合わせ

❷ 両手2指の輪の手を上下に返してつなぐ動作を下へ3回行う

経営用語で、製品の原材料・部品の調達から、製造、在庫管理、配送、販売、消費までの全体の一連の流れのことを言います。経営では、そのサプライチェーン全体を通して供給を最適化させる取り組みが行われています。手話は、＜供給＞＜鎖・チェーン＞の組み合わせです。

ゼロエミッション

❶ 指先を右に向けた左手掌に指先を曲げた右手の指先であてながら右に移動させ

❷ 5指を丸めて数詞「0」を示して軽く振り

❸ 指を向き合わせた両手の指文字「シ」の指先を下に向ける

「廃棄物の排出（エミッション）をゼロにする」という考え方で、1994年に国際連合大学が提唱しました。廃棄物がこのまま増え続ければ、処理する際に多くの二酸化炭素が排出され、地球温暖化を促進させてしまいます。手話は、＜ごみ＞＜ゼロ＞＜システム＞の組み合わせです。

サーキュラーエコノミー

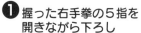

❶ 握った右手拳の5指を開きながら下ろし

❷ 掌を上に向けた左手の上方から右手指文字「コ」を軽く下げる

循環「サーキュラー」と経済「エコノミー」の造語で、資源導入や製品設計の段階から廃棄物を出さないことで、気候変動、廃棄物や汚染と課題に対処するための枠組みです。手話は、＜ごみ＞＜（量を）減らす＞の組み合わせです。

フードドライブ

❶ 掌を上に向けた左手から右手2指を口へ2回運び

❷ 上に向けて開いた両手を左右斜めに置き、指を閉じながら中央へ引き寄せ

❸ 閉じた両手の指を広げながら左右斜め上へ同時に上げる

食品ロスを削減するために、家庭で余っている食品を回収して、福祉団体や生活支援を必要とする個人等に無料で寄付する取り組みです。回収の対象となる食品は、未開封のものや常温保存が可能などと設定されています。手話は、＜食べ物＞を集めて配布するさまを表しています。

水際対策（みずぎわたいさく）

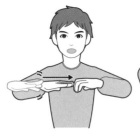  

❶ 折り曲げた左手4指に右手5指を波打たせて近づけて指先をつけ

❷ 両手人差指を前後に向き合わせ、同時に近づけ

❸ 左手の小指側に沿って右手人差指を右へ動かす

水際は検疫・検査分野では「上陸する直前」を言い、伝染病や、有害生物の上陸を阻止するために、空港や港などで行われる検疫や検査などの対策のことです。新型コロナ感染症のパンデミックで馴染み深い言葉になりましたが、麻薬など薬物対策でも使われます。手話は、＜水際＞＜対策＞の組み合わせです。

ロードプライシング

❶両手の指を前に向け、掌を向き合わせ、同時に前へ出し

❷両手2指の輪を並べ右斜め上へ上下させる

特定の道路や地域、時間帯における自動車利用者に対して課金の金額を高くしたり安くしたり調整する制度のことです。渋滞緩和と大気環境の改善につながることが期待されます。大都市の交通渋滞解消対策の一つです。手話は、＜道路＞とお金が引きあがるイメージの組み合わせです。

 # 禁じ手 (きんじて)

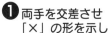

❶両手を交差させ「×」の形を示し

❷右手で指文字「テ」を示す

使ってはならないとされる手段・方法のことです。例えば、「いくつかのゲームには、ルールで定められた禁じ手が存在する。禁じ手を打った場合、即座に負けとなるのが一般的である。」という使い方ができます。手話は、＜禁止＞と（指文字）「テ」の組み合わせです。

人権デューディリジェンス
（じんけんデューディリジェンス）

❶ 左手２指を立て折り曲げた左腕に右手人差指で力こぶを描き

❷ 掌を前に向けて立てた両手を交互に上下し

❸ 右手の曲げた２指の指先を目に向けて左右に振る

企業が人権リスクを調査・特定し、防止およびトラブルを対処する取り組みのことです。具体的には、外国人技能実習生の過酷な労働環境や賃金未払い問題、児童労働問題、ミャンマーなどにおける人権侵害問題などが挙げられます。手話は、＜人権＞＜状況＞＜調査＞の組み合わせです。

新しい資本主義
（あたらしいしほんしゅぎ）

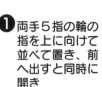

❶ 両手５指の輪の指を上に向けて並べて置き、前へ出すと同時に開き

❷ ２指で輪を作り腕を立てた左肘に右手掌をつけ小指側を接触したまま開き

❸ 左手掌に親指を立ててのせた右手を前へ出す

2021年10月に発足した、岸田政権の政策の基盤となる考え方です。「成長と分配の好循環」と「コロナ後の新しい社会の開拓」を実現するという考えです。手話は、＜新しい＞＜資本B＞＜主義＞の組み合わせです。

リクルーター

❶ 左手拳の甲の上で
2指を立てた右手
を左右に振り

❷ 右手の5指を折り
曲げ、指先を右肩
にのせる

リクルーターの主な仕事は、優秀な人材の発掘、志望者の募集、学生との面談などです。リクルーターは採用活動が本格化する前から学生と接触するので、優秀な人材を自社に取り入れるために重要な役割を果たします。手話は、＜人材＞＜担当＞の組み合わせです。

フェムテック

❶ 両手の小指をつけ
半円を描いて引き
寄せ、再びつけ

❷ 左手2指を立て
左手人差指に右
手人差指を水平
にのせる

Female(女性)とTechnology(テクノロジー)をかけあわせた造語です。女性が抱える健康の課題をテクノロジーで解決できる商品、製品やサービスのことを指します。例として、生理周期を予測するアプリやインターネット上の不妊治療相談サイトなどがあげられます。手話は、＜女性＞＜IT＞の組み合わせです。

非課税世帯 (ひかぜいせたい)

❶ 腕を立てた左肘の下で、右手2指の輪を半回転させ指先を体に向け

❷ 残した左手の横で折り曲げた指先を伸ばして前へ強く出し

❸ 斜めに構えた左手掌に2指を立てた右手小指の指先をつけ、右手を返して親指の指先をつける

正確には「住民税非課税世帯」を意味しています。世帯全員の前年収入が、住民税が課税されない額に収まっている世帯のことです。手話は、＜課税＞＜不要＞＜世帯＞の組み合わせです。

コンセッション

❶ 左手掌から上へ離した位置で右手拳を2回回し

❷ 5指を折り曲げて右肩にのせた右手を立てた左手親指にかぶせ

❸ 指先を前に向け、掌を向き合わせた両手2指を等間隔で右へ動かす

内閣府では「公共施設等運営権制度」という言葉が使われるようです。利用料金の徴収を行う公共施設について、施設の所有権は公共主体が持ったまま、施設の運営権を民間事業者に設定する方式のことです。手話は、＜運営B＞＜委託＞＜制度＞の組み合わせです。

サブスクリプション

❶ 右手2指の輪を
開きながら前へ
出し

❷ 前に向けて開いた右手
2指を手前に引き寄せ
ながらつまむ動作を繰
り返す

決められた料金を支払うことで、製品やサービスを一定期間利用することができる形式のビジネスモデルのことです。しばしば「サブスク」と略されます。例えば、「動画配信サービスは月額制のサブスクです」というように使われます。手話は、＜投資＞＜利用＞の組み合わせです。

 # リアリズム外交 (リアリズムがいこう)

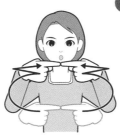

❶ 左右に置いた
両手を軽く押
さえるように
同時に下ろし

❷ 立てた右手の
人差し指側を顎
にあて

❸ 人差指を向き
合わせた両手
で弧を描いて
上げ、2回つ
け合わせる

岸田政権で登場した言葉で、直訳すれば、「本音の外交」「かけ引きしない外交」といった意味があります。手話は、＜現実＞＜外交＞の組み合わせです。

社会・経済

高止まり（たかどまり）

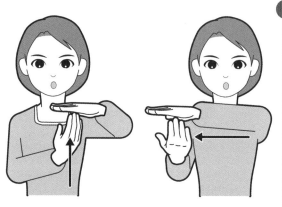

甲を前に向けた右手指先を左手掌につけ
左から右に動かす

相場や価格などが高値のままで下がらない状態のことです。輸入関連や失業率などで使われることが多いですが、2021年5月頃に、「コロナ新規感染者数は全国的に減少してきたが、重症者数や死亡者数は高止まり状態」と使われました。手話は、高い数値などが続くさまを表しています。

グリーン社会（グリーンしゃかい）

❶ 左手親指側に5指を上に向けた右手の甲をあて、右へ動かし

❷ 立てた両手2指の小指をつけ、半円を描いて引き寄せ、親指をつける

2020年10月に開催された臨時国会で、当時の菅義偉首相が所信表明演説で使われた言葉で、「CO_2排出ゼロと経済成長を両立できる社会」という意味です。手話は、＜緑・グリーン＞＜社会＞の組み合わせです。

学生納付特例
（がくせいのうふとくれい）

❶ 両手の2指を首に
あて、首に沿って
前へ出し

❷ 左手掌の上に右手2指
の輪を置き、同時に弧
を描いて前へ出し

❸ つまんだ右手2指で左
手手首から腕へ細長い
「∧」の図形を描き

❹ 横に向けた左手甲
に右手2指の輪を
あてる

学生が申請すること
により保険料の納付
が猶予（期日を先送
りすること）される制
度です。この制度を
利用することで、将来
の年金受給権の確保
だけでなく、万一の事
故などにより障害を
負ったときの障害基
礎年金の受給資格を
確保できます。手話
は、＜学生＞＜納め
る＞＜特別＞＜例え
ば・例＞の組み合わ
せです。

デジタル田園都市国家構想
（デジタルでんえんとしこっかこうそう）

❶ 人差指を立てた左手
と右手5指の輪を並
べて置き、交互に前
後させ

❷ 掌を下に向けた両手
3指で「田」の字形
を作り水平に回し

❸ 両手の指文字「ト」
形を向き合わせ
位置を変えて2回
上げ

❹ 両手の指先を向き
合わせ、左右に引
き離しながら閉じ

❺ 頭をかしげ、右手人
差指でこめかみをえ
ぐるように回し

❻ 斜めに構えた両手
の指先をつけてね
じり上げていく

地方都市のデジタル
化によってビジネス
や教育、医療といっ
たさまざまな課題を
解決し、地方と都市
の差を縮めようとす
る政策のことです。
手話は、＜デジタル＞
＜田園＞＜都会・都
市B＞＜国・国家＞
＜構想＞の組み合わ
せです。

社会・経済

カスタマー

左手掌に親指を立てた右手をのせ
右から体の前へ引き寄せる

顧客や得意先、取引先などのことです。例えば、「カスタマーサービス」「カスタマーセンター」のように使います。手話は、＜客・ゲスト・来賓＞に、カタカナ語のカスタマーを追加しました。

仲介 （ちゅうかい）

両手拳を左右から引き寄せて
親指側をつけ合わせる

両方の間に立って、仲立ちをすることです。例えば、「土地の売買を仲介する」「仲介手数料」のように使います。手話は、＜媒介・口利きA・斡旋B＞と同じ表現です。

ブローカー

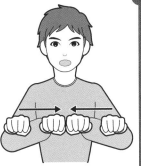

株式や不動産の売買の仲介人のことです。手話は、<商業(商売)・営業B><媒介・口利きA・斡旋B>の組み合わせです。

❶ 両手2指の輪を交互に前後させ

❷ 両手拳を左右から引き寄せて親指側をつけ合わせる

社会・経済

インバウンド

主に、旅行業界、観光業界で使われている言葉で、外国人が日本に訪れてくれる旅行のことです。訪日旅行、訪日外国人観光客とも言います。手話は、海外から日本に入ってきて旅をする表現です。

❶ 指先を上に向けた両手人差指を右、左の順に弧を描きながら中央へ下ろし

❷ 左手掌の横で掌を向き合わせて右2指を小さく回す

資産凍結（しさんとうけつ）

❶ 右手2指の輪を左の腕から掌へ弧を描いて置き

❷ 左手5指の輪に指文字「ヌ」形の右手指先を差し込む

資産の処分や移動を禁止または制限することです。国際法では、国際紛争などに際し、相手国に対する経済制裁または報復の手段として、自国内にあるその国の資産について行うことを言います。手話は、＜資産＞と鍵をかけるしぐさの組み合わせです。

身を切る改革（みをきるかいかく）

❶ 右手拳の小指側を左胸にあてて右下腹部へ下げ

❷ 左手の親指と人差指の間で右手親指と人差指を外側に半回転させる

野田佳彦元首相が衆議院本会議で述べたことから使われるようになりました。行政の無駄をなくし効率的な行政サービスを目指す等の行政改革、政治改革のことです。「身を切る」は一般的に「非常に辛い、厳しい」といった意味を持ち、手話は、＜犠牲Ｂ＞＜革命＞の組み合わせです。

第 **5** 章

社会・生活

スーパーマーケット

つまんで前から引き寄せた右手を
左腕の下へ指を開きながら下ろす

「super(超える)」と
「market(市場)」の
合成語で、市場を超
える店の意味です。
従来の食料品店や日
用品店よりも規模が
大きく、客が自分で
好きな商品を選び、
代金を出口でまとめ
て払う便利な店とい
うところに由来して
います。手話は、商品
を買い物かごに入れ
るさまを表していま
す。

ドラッグストア

❶ 曲げた右手薬指の
　指先で左手掌の真
　ん中をこすり

❷ つまんで前から引き
　寄せた右手を左腕の
　下へ指を開きながら
　2回下ろす

一般用医薬品を中心
に健康・美容に関す
る商品や日用品、食
料品などをセルフ
サービスで短時間に
買えるようにした店
舗のことです。手話
は、＜薬＞＜スー
パーマーケット＞の
組み合わせです。

レディファースト

❶ 立ててつけ合わせた両手小指を左右へ引き離し

❷ 掌を右に向け指を左手の親指側から外側に弧を描いて右手人差指を前に出す

日本では、女性を尊重して優先させるマナーのこととされています。実際には、女性が先に男性を迎える準備をしたり、先に退出して余計なことをしないという意味です。手話は、女性を優先させる表現です。強く表すと「割り込む」のようなイメージになるので、優しく表してください。

分散登校 (ぶんさんとうこう)

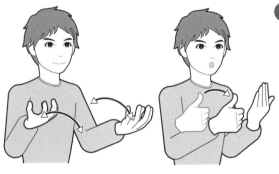

❶ 指先を上に向けた両手を交互に前後させ

❷ 斜めに立てた左手に向けて右手親指を少し弧を描いて近づける

新型コロナウイルス感染拡大の影響で、公立の学校で学級閉鎖や学年閉鎖が増えたために行った措置の1つです。児童・生徒の密を防ぐため、時間や曜日、教室を分けるなど工夫されました。手話は、2つに分けたグループが入れ替えて登校するイメージの表現です。

社会・生活

選択的夫婦別姓
（せんたくてきふうふべっせい）

❶ 左手親指と右手小指を立て、左右から近づけてつけ

❷ 立てて前に向けた左手掌に右手親指をあて

❸ 左手5指を立て、右手2指で指をつまみ上げる動作をし

❹ 甲を上に向けた両手拳を胸前で交互に上下させる

結婚する際は、夫婦のどちらか一方が氏を改めます。割合としては妻が夫の姓に入ることが多いです。選択的夫婦別姓とは、夫婦が望む場合には結婚後も夫婦がそれぞれ結婚前の氏を称することを認める制度です。手話は、＜結婚＞＜名前＞＜選ぶ・選択＞＜自由＞の組み合わせです。

生涯現役社会
（しょうがいげんえきしゃかい）

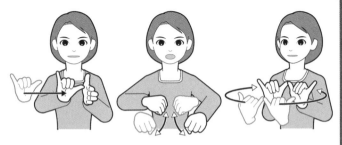

❶ 右手の指文字「ヤ」形を左へ動かして左手掌に親指をあて

❷ 腕を水平に構え、両手拳を交互に前後させ

❸ 立てた両手の小指をつけ、半円を描いて引き寄せ、親指をつける

働く意思と仕事能力のある人が、年齢に関係なくその能力を十分に発揮できるような社会のことです。高齢化社会が進む中、2004年に「高齢者雇用安定法」が改正され、65歳まで雇用するよう企業に求めるようになりました。手話は、＜生涯＞＜活動・活躍＞＜社会＞の組み合わせです。

共謀罪 （きょうぼうざい）

❶ 体の左下側で両手
親指を立て、左右
から2回軽くつけ
合わせ

❷ 右手3指で鼻先を
かすめるように振
り下ろす

「計画」（共謀・話し合
い）と「準備行為」（銀
行でお金を下ろす、
下見をするなど）と
いった法益侵害の危
険のない行為を処罰
するものです。手話
は、＜共謀＞＜罪＞
の組み合わせです。

 専守防衛 （せんしゅぼうえい）

❶ 両手掌を前に向け
押し返すように同時
に前に出し

❷ 右手掌を左に向け
指先を前方に向けて
真っ直ぐ前へ出す

他国へ攻撃をしかけ
ることなく、攻撃を
受けたときにのみ武
力を行使して自国を
防衛する防衛戦略の
基本姿勢のことで
す。日本の「専守防
衛」に基づくこれま
での考えでは、相手
から攻撃されても撃
退にとどめ、相手国
の領域への攻撃は想
定していません。手
話は、＜防止＞＜直進
（まっすぐ）＞の組み
合わせです。

社会・生活

養子縁組 （ようしえんぐみ）

❶ 親指を立てた右手を斜めに構えた左手の下に、少し上に弧を描いて入れ

❷ 指先を前に向け、掌を向き合わせた両手2指を等間隔で右へ動かす

生みの親のもとで育つことができず、乳児院や児童養護施設などの施設で暮らしている子どもたちに家庭での養育を提供するための制度の一つで、もう一つは里親制度になります。養子縁組では民法に基づいて法的な親子関係を成立させます。手話は、＜養子＞＜制度＞の組み合わせです。

加熱式タバコ （かねつしきタバコ）

❶ 湾曲させた左手甲に向けて右手親指と中指で輪を作り、中指を2回はじき

❷ 立てた右手2指を口元から少し前へ出す

たばこ葉を燃焼させず、加熱して発生する蒸気を愉しむ製品です。火を使わず、たばこの煙のニオイがせず、灰も出ないといった特徴があります。電子タバコ、アイコスと呼ばれることもあります。手話は、電気で加熱する表現と＜タバコ＞の組み合わせです。

性暴力 (せいぼうりょく)

❶ 伸ばした右手2指の腹側を鼻の下につけ斜め右下へ引き

❷ 立てた左手親指を右手拳で殴りつける

同意のない、また対等でない状況で強要された性的行為のことです。恋人同士や夫婦であっても、場所や状況に関係なく、本人が望まない性的行為は、人権と尊厳を傷つける暴力です。手話は、＜いやらしい・助平＞＜暴力＞の組み合わせです。

 ## 性被害 (せいひがい)

❶ 伸ばした右手2指の腹側を鼻の下につけ斜め右下へ引き

❷ 掌を前に向けて立てた左手につまんだ右手2指の指先を打ちつける

自分が望まない性的行為を受けることです。AVへの出演を強要される、無理にお酒を飲まされ酩酊状態にされて受ける性被害などだけでなく、セクシュアル・ハラスメントも含めて、警察による取り締まりが強化されています。手話は、＜いやらしい・助平＞＜被害＞の組み合わせです。

性自認 (せいじにん)

❶ 丸めた両手の指先をつけ合わせ、左右へ引くと同時に閉じ

❷ 両手2指の輪を両目にあて

❸ 頭を下げながら両手2指の輪を体に向けて同時に下げる

自分自身が認識している性別のことです。「心の性」と言い換えられることもあります。身体の性と一致せず自分自身の身体に違和感を持ったり、よく分からないと感じたり、大人になってから変わったり揺らいだりすることもあります。手話は、<性><自省・省みるB>の組み合わせです。

性犯罪 (せいはんざい)

 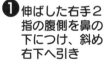  

❶ 伸ばした右手2指の腹側を鼻の下につけ、斜め右下へ引き

❷ 右手親指で鼻先をはらい

❸ 右手3指で鼻先をかすめるように振り下ろす

「レイプ」や「痴漢」といった刑法上の強制的な性交や、強制わいせつなどの性的犯罪のことです。被害にあった方の人格と尊厳、個人の性的自由を踏みにじり、身体と心に大きな傷やショックを与える極めて悪質な犯罪です。手話は、<いやらしい・助平><犯罪B>の組み合わせです。

性同一性障害
（せいどういつせいしょうがい）

❶ 丸めた両手の指先をつけ合わせ、左右へ引くと同時に閉じ

❷ 左手人差指と中指の間に右手を入れて左右に分け

❸ 親指側をつけ合せた両手拳で折るしぐさをする

自分の身体の性と、性自認としての「心の性」が一致しない状態のことを指します。性同一性障害の診断を受けた人は、本人の希望があれば治療を受けることができます。なお特定の要件を満たす人は、戸籍の性別を変更することが可能です。手話は、＜性＞＜判断B＞＜障害＞の組み合わせです。

ジェンダーフリー

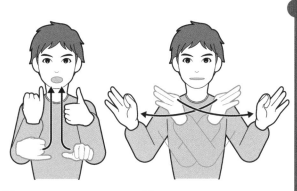

❶ 親指と小指の指先を向き合わせ、手首を回して両指を立て

❷ 親指の指先に人差指をかぶせて腕を交差した両手を左右へ開く

本来の意味は、社会的性別にこだわらないということです。男らしさ、女らしさや男女の区別などをなくして人間の中性化を目指す意味に置き換えられていることもあり、誤解のないように使う注意が必要です。手話は、＜ジェンダー＞＜フリー＞の組み合わせです。

社会・生活

パートナーA

立てた両手人差指を並べ
右手を斜め前に出す

この場合の「パートナー」は、配偶者、またそのような関係の相手のことを指します。手話は、＜夫＞＜妻＞の動作を、両手人差指にかえて表しています。

パートナーB

人差指を立て胸前においた左手に人差指を
立てた右手を右斜め前から近づけて並べる

この場合の「パートナー」は、ダンスやスポーツなどで二人一組になるときの相手のことを指します。手話は、二人が近づくさまを表しています。

公序良俗 (に反する)
(こうじょりょうぞく (にはんする))

❶ 両手人差指で「ハ」の字形を作り

❷ 両手掌の小指側を2回たたき合わせる

公共の秩序を守るための常識的な考え方のことです。例えば、暴利行為、性的不倫契約、人身の自由を制約する契約、人権侵害などは、民法第90条で「公序良俗に反する行為」として禁止されています。手話は、<公><常識・マナー>の組み合わせです。

自撮り (じどり)

右手3指の指先を自分に向ける

撮影者が自分自身もしくは自分たちを被写体として撮影することです。例えば「大人数で自撮りするのは大変」などと使います。手話は、指文字「シ」の字型の指先を自分に向けます。

社会・生活

自映像 (じえいぞう)

❶ 右手3指の指先を
自分に向け

❷ 甲を前にして閉じた
両手指先を向き合わ
せ、開きながら同時
に上げる

撮影者が自分自身
もしくは自分たちを
被写体として撮影し
た動画のことです。
電話リレーサービス
では自映像を確認す
る機能があります。
手話は、＜自撮り＞
＜映像＞の組み合
わせです。

本人確認 (ほんにんかくにん)

❶ 立てた右手の人差指
側を顎にあて

❷ 右手人差指で「人」
の字を空書き

❸ 両手掌を顔に向けて
立て、同時に前後逆
方向に動かし

❹ 左手で右腕を握り、
右手拳を手首で曲げ
ながら下げる

本人自身であること
を、確認することで
す。マイナンバーカー
ド、身体障害者手帳
など顔写真付きのも
のを提示することが
多いです。最近は、電
話リレーサービスで
本人確認ができるよ
うになりましたが、過
去は電話で手話通訳
を通した確認ができ
ませんでした。手話
は、＜本人B＞＜確
認A＞の組み合わせ
です。

同居人 (どうきょにん)

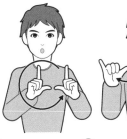

❶ 指先を前に向けた両手人差指を左右から引き寄せてつけ

❷ 開いた両手2指の指先を向き合わせたまま、垂直に円を描き

❸ 2指を立て、甲を前に向けた右手を右へ引きながら掌を前に向ける

一緒に住んでいる人で、家族以外の人のことです。手話は、＜同居＞＜〜人・〜者＞の組み合わせです。

ローリングストック法
(ローリングストックほう)

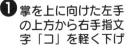

❶ 掌を上に向けた左手の上方から右手指文字「コ」を軽く下げ

❷ 残した左手の上に、右手「コ」形を右方からもってくる

常に一定量の食料や飲料水などを家に備蓄しておく方法のことです。日常生活で消費しながら備蓄することで、備蓄品の鮮度を保ち、いざという時にも日常生活に近い食生活を送れるという考え方です。手話は、使った分を補充するさまを表しています。

社会・生活

DV（ドメスティック・バイオレンス）
（ドメスティック・バイオレンス）

❶ 左手人差指と
右手２指で
「D」を作り

❷ アルファベット
「V」を示す

明確な定義はありませんが、日本では「配偶者や恋人など親密な関係にある、又はあった者から振るわれる暴力」という意味で使用されることが多いです。「配偶者からの暴力の防止及び被害者の保護等に関する法律」は、「DV防止法」と呼ばれます。手話は、アルファベット＜D＞＜V＞で表しています。

オレオレ詐欺（オレオレさぎ）

❶ 親指の先を胸
に向けて２回
近づけ

❷ 右手の指文字
「キ」を小さ
く回し

❸ 前方に開いた
右手を握りな
がら手前に引
き寄せる

身内を装って電話をかけ「急に金が必要になった」などの口実で金銭を騙し取ろうとする詐欺の手口の一つです。オレオレ詐欺の呼び名は、典型的な手口が電話を使用して「俺だよ俺」と言うことに由来しています。手話は、親指で自分を指す動作と＜詐欺＞の組み合わせです。

石炭火力発電
（せきたんかりょくはつでん）

❶ やや曲げた左手掌に右手親指と４指の丸めた指先をつけ

❷ 右手掌を髪にあて、撫でるように下ろし

❸ 立てた５指の親指と小指を近づけて丸めた右手を半回転させ上げる動作を繰り返し

❹ 掌を前に向け親指と中指で円を作った両手を腹から前方斜め下へ中指をはじきながら出す

石炭を燃料とする発電システムで、地球温暖化問題への懸念から全廃の政策をとるデンマークなど、世界的に石炭削減の方向に進んでいますが、日本では現在も石炭火力発電が続けられています。手話は、＜石炭＞＜燃やす＞＜発電＞の組み合わせです。

地域密着型（ちいきみっちゃくがた）

❶ 左手掌に右手親指の指先をつけ、人差指を右へ半回転し

❷ 両手を斜め前後から近づけて掌を合わせ、握り合い

❸ 両手の指文字「レ」形を交互に上下する

「地域密着」は、特定の地域に限定してその地域を重点的に活動を行うことです。「地域密着型サービス」や「地域密着型スーパー」などで使われる言葉で、「地域密着型通所介護」は要介護状態となっても、居宅を中心に日常生活の世話や機能訓練を行うサービスです。手話は、＜地域＞＜意気投合＞＜形B＞の組み合わせです。

索 引

■ 項 目 順 ■

■ あいうえお順 ■

●わたしたちの手話●
新しい手話 2022/23

■本書製作にあたった人たち■

≪標準手話確定普及研究部≫

本委員会：髙田英一 / 青柳美子 / 黒﨑信幸 / 髙塚稔 / 西滝憲彦 / 松永朗

北海道班：金原輝幸 / 若浜ひろ子 / 稲荷山尚美 / 大内祥一

東 北 班：加藤薫 / 浅利義弘 / 小野善邦 / 齋藤千英 / 髙橋幸子 / 平間弘 / 山中沙織

関 東 班：那須英彰 / 植野慶也 / 内田元久 / 小出真一郎 / 小林聖司 / 早川健一 /
　　　　　古橋浩司 / 村松裕子 / 渡邊早苗

北信越班：石川渉 / 内田博幸 / 石倉義則 / 河井秋男 / 浜野秀子 / 山本佳奈子

東 海 班：山本直樹 / 伊藤照夫 / 大坪みゆき / 鈴村博司 / 松島茂人

近 畿 班：吉田正雄 / 伊藤芳子 / 田邊理恵子 / 馬場康平 / 街好平 / 柳喜代子 /
　　　　　山本紋子

中 国 班：髙塚千春 / 亀田明美 / 大岡政恵 / 塚原辰彦

四 国 班：竹島春美 / 前田真紀 / 近藤龍治

九 州 班：山本秀樹 / 荒木宏彦 / 香田佳子 / 城間枝利子 / 遠矢千尋 / 中村稔 /
　　　　　日髙美沙妃 / 松藤麻美 / 松本幸造 / 山本祥子

（事務局：大杉豊 / 久保沢香菜 / 繁益陽介 / 松本久美子 / 浅川佳奈）

本書内の用語解説などは、各種辞書や関連ホームページを参考に書かれたもので、2022 年 10 月
現在の情報を元にしています。

編集・発行　　一般財団法人全日本ろうあ連盟
　　　　　　　〒 162 - 0801
　　　　　　　東京都新宿区山吹町 130　SK ビル 8F
　　　　　　　電話（03）3268 - 8847　FAX（03）3267 - 3445

全日本ろうあ連盟「出版物のご案内」携帯・スマートフォンサイト→

イラスト協力　　国立大学法人筑波技術大学
　　　　　　　　産業技術学部　総合デザイン学科
　　　　　　　　【指導】教授　鈴木拓弥

印刷・製本　　日本印刷株式会社
発行日　　　　2023 年 1 月 19 日
ISBN978-4-904639-29-0　C0580　￥900E